PUEDO SER

BOMBERO

por Rebecca Hankin

Preparado bajo la dirección de Robert Hillerich, Ph.D.

Traductora: Lada Josefa Kratky

Consultante: Dr. Orlando Martinez-Miller

 CHILDRENS PRESS ™

CHICAGO

Library of Congress Cataloging-in-Publication Data

Hankin, Rebecca.
  Puedo ser bombero.
  (Incluye un índice.)
  Resumen: El texto y las ilustraciones describen el oficio
importante de bombero, que incluye el rescate de
gente en peligro, la lucha contra incendios, la asistencia
médica de emergencia y pronunciar discursos sobre la
seguridad.
  1. Bomberos—Literatura infantil. 2. Lucha contra
incendios—Literatura infantil. [1. Bomberos.
2. Oficios. 3. Lucha contra incendios] I. Título.
TH9148.H35 1989   628.9'25   84-29282
ISBN O-516-31847-O

DICCIONARIO ILUSTRADO

accidente

alarma

ambulancia

destruir

equipo

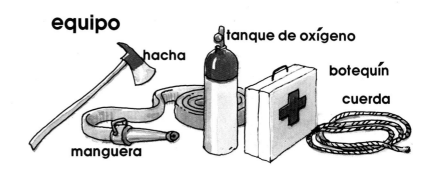

tanque de oxígeno

hacha

botequín

cuerda

manguera

rescate

casco

abrigo

de goma

botas

bomberos

cuartel de bomberos

cuartel de bomberos

cuartel de bomberos

calle principal

cuartel de

bomberos

hospital

departamento de bomberos

inundación

inspección

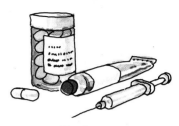

medicina

paramédico

prevención

plataforma

camión con bomba

camión con escalera

camilla

tornado

El fuego es peligroso.
Cada año los incendios
destruyen muchas casas y
edificios. La gente
resulta herida —a veces
muerta— por los incendios.

destruir

Los bomberos son
personas muy importantes.
Se esfuerzan mucho para
rescatarnos y protegernos a
todos nosotros.

bomberos

Se usan las radios para decirles a los bomberos dónde hay un incendio.

Hace muchos años, no había bomberos profesionales. A menudo un incendio destruía un pueblo entero.

Con el tiempo, la gente aprendió a trabajar junta para apagar los incendios. Hoy día, la mayoría de los pueblos y ciudades tienen un departamento de bomberos.

cuartel de bomberos

cuartel de bomberos

cuartel de bomberos

calle principal

cuartel de bomberos

hospital

departamento de bomberos

Los bomberos tienen que
aprender muchas cosas
para ser eficaces. Muchos
bomberos van a escuelas
especiales.

rescate

Aprenden cómo se rescata a la gente. Aprenden sobre los camiones de bomberos. Aprenden cómo se apagan los incendios.

10

Aprenden cómo dar la
asistencia médica.

Trabajan duro en la
escuela. Están aprendiendo
a salvar las vidas.

camión con bomba

La mayoría de los
departamentos de
bomberos tienen dos
tipos de bomberos.

Uno de éstos es el grupo
de bomberos motorizado.
Este trabaja en los
camiones con bombas.

Los camiones con
bombas llevan una bomba
y mangueras para echar
agua al fuego.

El otro grupo es el de la
escalera. Estos bomberos

plataforma

camión con escalera

trabajan en camiones con
escalera.

Los camiones con
escalera llevan escaleras
muy largas y plataformas.
Las escaleras y las
plataformas se pueden

elevar para rescatar a la
gente que se encuentra en
ventanas u otros lugares
altos.

hacha   tanque de oxígeno
botequín
cuerda
manguera

equipo

Los camiones con
escalera también llevan
herramientas para combatir
incendios y otros equipos
de rescate.

Cuando suena la alarma
en un cuartel de bomberos,
el grupo motorizado y el
grupo de escalera van de
prisa al incendio. Les tarda
unos pocos minutos en llegar.

alarma

El oficial les dice a los
dos grupos de bomberos lo
que deben hacer.

El oficial los ayuda a
trabajar juntos para apagar
el incendio.

Los paramédicos tienen que llevar consigo todo lo que van a necesitar en un incendio.

Los paramédicos del departamento de bomberos también se apresuran a ir al sitio de un incendio. Ellos dan asistencia médica a la gente que está herida. Los paramédicos usan

ambulancia

paramédico

ambulancias para llevar
cosas importantes como
medicinas, camillas y otros
equipos. Si tienen que
llevar a alguien al
hospital, los paramédicos
los llevan en ambulancias.

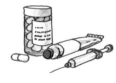

medicina

camilla

hospital

Los bomberos con entrenamiento especial averiguan cómo empezó un incendio.

Después de apagar el incendio, los bomberos tratan de descubrir cómo empezó. El oficial llena un informe sobre el incendio.

Los bomberos trabajan duro
para apagar incendios y
cuidar a la gente que
resulta herida en los incendios.

prevención

Pero también trabajan para
prevenir incendios antes de
que puedan empezar.

Los bomberos le eseñan
a la gente sobre los
peligros de los incendios. A
veces visitan las escuelas
para hablarles a los
alumnos sobre la seguridad.

Algunos bomberos
inspeccionan casas,

inspección

Los ejercicios contra incendios son importantes en las escuelas.

escuelas y los lugares de trabajo. Si encuentran algo que consideran peligroso, los bomberos le indican a la gente lo que tiene que cambiar para que el lugar sea seguro.

Los bomberos tienen otros trabajos, también.

Cuando hay tornados o inundaciones, ellos rescatan a la gente que necesita ayuda.

tornado

inundación

Los bomberos ayudan también a la gente en un accidente.

accidente

Los bomberos trabajan
duro para ayudar a los
otros. Apagan incendios.
Enseñan las reglas de
seguridad. Ayudan a la
gente cuando hay tornados,
inundaciones y accidentes.

El oficio de bombero es
importante. ¿Te gustaría
ser bombero?

PALABRAS QUE DEBES SABER

accidente—algo que ocurre sin plan previo y puede causar que alguien resulte herido o algo quede dañado

ambulancia—camión especial usado para llevar a la gente enferma o herida

camión con bomba—camión de bomberos usado para echarle agua al incendio

destruir—arruinar, romper o matar

equipo—cosas usadas para hacer algo especial. Las mangueras son parte del equipo usado para apagar incendios.

informe—documento oficial escrito sobre algo que pasó

inspeccionar—mirar algo bien de cerca

inundación—agua que cubre tierra que generalmente está seca

médico—tiene que ver con medicina y el cuidado de gente enferma o herida

paramédicos—gente entrenada para ayudar a otros hasta que puedan ser llevados al hospital

peligroso—que puede hacerle daño a alguien o algo

plataforma—trozo pequeño y plano de piso que puede ser elevado

profesional—persona que, para ganar dinero, hace algo que requiere destreza o entrenamiento especial

prevenir—hacer que algo no suceda

rescatar—salvar algo o a alguien que está en peligro

seguridad—estar seguro; no estar en peligro de ser herido

tornado—tormenta muy peligrosa con vientos fuertes que pueden destruir todo lo que esté en su camino

INDICE

FOTOGRAFIAS

© Joseph Antos—4 (arriba), 15 (izquierda)
© Bob Eckert/EKM-Nepenthe—37 (arriba)
© Tony Freeman—26 (abajo)
Hillstrom Stock Photo:
    © John P. Faris—28 (abajo)
    © Ray Hillstrom—14 (arriba, derecha), 21, 22, 26 (arriba)
    © Milt and Joan Mann—7, 12 (arriba, derecha), 13, 16, 17 (izquierda), 20, 24, 29
(derecha)
    © Norma Morrison—25 (derecha)
    Mac Tavish—12 (arriba, izquierda)
Nawrocki Stock Photo:
    © Candee Productions—15 (derecha)
    © Ed Cordingley—19 (arriba)
    © Joseph Jacobson/Journalism Services—Cubierta, 23 (derecha)
    © Frank Neiman—17 (derecha)
    © John Patsch/Journalism Services—Cubierta, 23 (derecha)
    © Harry Prezekop—18, 19 (abajo)
    © Steve Sumner/Journalism Services—4 (abajo), 14 (arriba, izquierda)
Courtesy Chicago Fire Department—6, 8, (2 fotos), 9 (3 fotos), 10 (2 fotos), 11, 23
(izquierda), 25 (izquierda)

SOBRE LA AUTORA

Rebecca Hankin es autora que vive y trabaja en Chicago, Illinois.